LA ESTACIÓN DE LA CENIZA

LA ESTACIÓN DE LA CENIZA

David Fajardo Rodríguez

Pre-Textos

*VI Premio Internacional de Poesía
Juan Rejano-Puente Genil*

POESÍA

Un comité de lectura compuesto por los poetas Antonio Luis Ginés, Ángel Manuel Gómez Espada, Víctor Almeda Estrada y María del Carmen Córdoba Ruiz, tras leer las 987 obras presentadas al VI Premio Internacional de Poesía Juan Rejano-Puente Genil, de las cuales 12 fueron descalificadas, seleccionó 14 libros para la fase final. Reunido el día 15 de diciembre de 2024, un jurado compuesto por Silvia Pratdesaba en representación de la Editorial Pre-Textos, Concha García, Isabel Pérez Montalbán, Guillermo Busutil y Juan de Dios García, y actuando en nombre de la organización, sin voto, Antonio Roa Amador, declaró ganador por unanimidad el libro presentado con el título *La estación de la ceniza*, del que resultaría ser autor David Fajardo Rodríguez.

Primera edición: enero de 2025

Diseño y maquetación: Pre-Textos (S.G.E.)

© David Fajardo Rodríguez, 2025
© de la presente edición:
PRE-TEXTOS, 2025
Luis Santángel, 10
46005 Valencia
www.pre-textos.com

en coedición con
AYUNTAMIENTO DE PUENTE GENIL, FUNDACIÓN JUAN REJANO
Y ASOCIACIÓN CULTURAL POÉTICA

Asociación Cultural Poética

ISBN: 978-84-10309-40-1
Depósito legal: V-195-2025

Impreso en España / *Printed in Spain*

Impreso en Safekat S.L.

Los trenes nos llevarán a las primaveras nostálgicas de nuestros abriles novembrados.

IZET SARAJLIĆ

De la casa que destruí, ni siquiera los pedazos eran míos.

YEHUDA AMIJAI

Atrás queda el vagón
con los hedores de la muerte
y la luz residual que traspasa sus rendijas.
La niña agarra fuerte la mano de su padre
y con la otra
sostiene su muñeca.
El soldado agita sus manos
en la frenética distribución de los recién llegados;
tú, a la derecha,
tú, a la izquierda,
las manos de ambos se desprenden
como pájaros vencidos,
la cabeza de papá se pierde entre otras cabezas.
Ella cierra los ojos de su muñeca.

En este abril berlinés,
ya sin Berlín,
caen sin cesar sobre nosotros
los obuses de Zhúkov.
En la Potsdamer Platz
donde amé por vez primera,
los cuerpos son una alfombra
por la que camina la historia.
Este poema,
es un resto de metralla.

El tiempo en Polonia es un asunto curioso;
si cierras los ojos en la plaza Bohaterów
al abrirlos te encontrarás en el gueto de Podgorze,
si repites la operación
abrirás tus ojos en Auschwitz,
y si parpadeas de nuevo
te encontrarás desnudo en unas duchas
ante un millar de seres que también han parpadeado.
Si los vuelves a cerrar,
no tendrás quien te despierte.

Quién sabe si se abrió el mar a su paso,
si hizo caer sobre las coronillas humanas
los pecados derretidos,
igual que la cera de los cirios
que temblorosos lagrimearon
sobre los pies del mundo.
Quién sabe si la verdadera esperanza
es tan solo esta sopa aguada,
o si de su barba
se columpian ya nuestros hijos caídos
mientras escupe
sobre las plegarias de los hombres.
Quién sabe si el futuro es algo más
que un último tránsito
por la estrechez de una chimenea,
para teñir de negro ese cielo
al que tanto imploramos.

Cada año enciende las velas
y le reza un *Kadish* junto a la ventana;
no sabe bien qué espera
pero maldice el tren
y la grava polaca.
Me preguntará en el postre
cómo sería hoy
o a qué se hubiera dedicado.
Yo aprieto los dientes;
no hay tanques ni soldados
que tumben las alambradas de los muertos.

Esa pareja de abuelos
que pasea de la mano a orillas del Vístula
podríamos ser tú y yo,
pero no lo somos
y jamás lo seremos.
Abrazados esperamos,
temblorosos como el cabeceo de un ciprés,
que el oficial dé la orden,
y vuelen espantados los pájaros.

Los primeros días recordaba todavía tu cara,
y el deseo conservaba el recuerdo
de la primera noche en que nuestros cuerpos
se enredaron como las raíces de un roble de Walsrode.
A las pocas semanas,
te prometí mis pensamientos,
reír sobre toda esta ceniza
cuando se descosan las estrellas de las pecheras
y sea posible pasear por el poco Berlín que nos quede.
Al trascurrir de los meses,
te imaginaba cabeceando como un sauce herido,
abatida como una flor helada
sin dejar de mirar un segundo la puerta que nunca se abre,
esperando que los jinetes de la guerra
tumben por fin las alambradas.
Y ahora, sólo ahora,
me bastaría con sentir la levedad de tus manos
antes de que cumplan la promesa del fuego,
tu respiración agitada
sobrevolando mi mejilla,
como las avispas metálicas de Göring,
y ver reposar tu última esperanza
en este lecho de grava y silencio,
mientras te llevo a la boca
mi último mendrugo de pan.

Si un tren sale de la estación Józsefvárosi
con 2100 judíos húngaros a bordo
contemplando entre las estrechas rendijas
la quemadura de la nieve sobre los altos de Tatra,
y el otro sale de Bobigny
con 1600 semitas franceses
cruzando los muros derruidos
sobre la línea Maginot,
¿en qué andén se cruzan sus miedos?,
¿en qué punto se encuentran con la muerte?

> «Cavad más hondo en la tierra los unos y los otros
> cantad y tocad».
>
> PAUL CELAN

No dejéis de tocar,
¡cerdos judíos!
Que las falanges hambrientas
arpegien una y otra vez el mismo tango;
tocad hasta dejar la música desprovista de asombro
como una liturgia ordinaria
que abre el día.
Que entre ya el rebaño
sobre el techo,
pronto se desatará su lluvia,
y que nadie detenga esta música
ni los gritos,
ni los golpes,
ni aquellos ojos abiertos de quienes murieron
creyendo que empezaba el baile.

SACHSENHAUSEN

Pasen y vean
la montaña de dientes,
la mordida del polvo
sobre la tonelada de zapatos sin pies,
el cuenco y la cuchara
que fueron otro órgano del cuerpo,
las letrinas hambrientas,
las chinches que sobrevivieron
saltando de litera en litera,
el paso del tiempo sobre las alambradas
con las grietas que algún día se soñaron,
todas las rayas,
las de los pijamas
y las que marcan en las paredes vencidas
la eternidad de los días;
pasen y vean
a esta joven alemana mover las manos
como una azafata de aeropuerto,
y no se olviden al salir
de la propina,
la foto,
y el llavero.

Cada día asomaba sus colores
sin que una sola bota
la hiciera verter
su sangre albina.
Hoy han muerto dos de los nuestros,
pero ella permanece intacta,
como un ópalo en un larvario.

Cuando se cerraba la puerta
y caían de un rectángulo de cielo
las perlas de gas *Zyklon*,
los cuerpos desesperados escalaban
los unos sobre los otros
ofrendando las heridas
y el garbo de la juventud
a los últimos suspiros.
Se erigiría así una nueva montaña,
una pila de cuerpos violentados
por la sonoridad
de los últimos estertores,
algo así como la tos volcánica del Sinaí,
pero sin la presencia
de un Dios luminoso y compasivo.
Tan solo una revelación,
la de que todos nacemos
buscando la vida eterna en las alturas.

Con una vieja cuchara de metal
voy abriendo, poco a poco,
nuevas arterias a la tierra,
por las que drenar la sangre
de los hijos de la Torá.
Golpe a golpe,
sin conocer el día o la noche,
ni siquiera el siglo que sostiene esta pesadilla,
voy dando forma al hambre
y el hambre es un túnel oscuro
con dientes que muerden la memoria.
Al tacto,
siguiendo la estrella de los topos,
mantengo la esperanza
de quebrar por fin la última piedra.
Y es así,
como intento encontrar la luz
al final del poema.

ÜBERLEBEN

Ya no son asunto de Dios los amaneceres,
ni la sopa aguada
con la luz de cristal
que cada mañana rompe
sobre las llanuras polacas.
Eso es ahora una posibilidad
que reside tan solo
en una garganta alemana.

> «Auschwitz no fue el jardín de mi infancia».
>
> Fayad Jamís

Llevaré todos los abrigos,
el chocolate que mamá
no sabe esconder bien en el armario
y el avión de madera
por si hubiese que escapar
sobrevolando la gran llanura húngara.
Se dice que para regresar a donde fuimos felices
hay que dejar algún rastro a la memoria,
quizás algún cuento por leer,
un soldadito con batallas que librar
o la cama deshecha;
yo dejaré al otro lado de la calle,
donde aún permanecen húmedas mis huellas en el barro,
el reclamo oxidado de un columpio
que aún se resiste a frenar nuestro último balanceo.

En este pequeño cuarto
donde el hambre saltaba como una pulga
de hermano en hermano,
yo encontré mi rincón.
Un pequeño jardín sin tierra
con mariposas de colores trenzados
que bordeaban las autopistas del sueño.
Un ventanal enorme
que en la noche quieta
permitía escuchar el rielar del Vístula
negándose a frenar su cauce
bajo el destello de una Cracovia
ya sin dragones ni héroes.
Aquella noche,
el ruido de las botas militares
martilleando los escalones gastados
eran la melodía que pregonaba
la caída de mi paraíso.
Sólo quedaba esperar bajo la cama, escondido,
a que llegase el momento
en el que el niño que soy
se fuese para siempre,
a buscar otro cuerpo.

Me preguntaron
si echaba de menos escribir un poema,
pero nunca dejé de hacerlo.
No hubo un solo muerto al que no le cerrara los ojos.

Él sabía qué carne se cocinaba
bajo esas chimeneas,
andaba hacia las duchas
pisando los miedos
de los que antes vaciaron sus vientres sobre la nieve.
¡Ni la muerte te querrá así, viejo!,
gritaba el soldado imberbe
tras escupirle.
Abuelo siempre tuvo razón
cuando nos decía que en Alemania,
la frontera de la dignidad
no está a una distancia mayor de cuarenta pasos.

En algunas ocasiones,
cuando ando encorvado
y hablando solo como un buen judío viejo,
no reconozco muchas de las cosas que digo,
ni el idioma en el que salen,
como si hubiera una parte de mí
que nunca termina de pertenecerme.
Un hombre hambriento
dentro del hombre ahíto que soy.

MI PRIMER AUSCHWITZ

«¡¿Tal vez sea realmente necesario
para que el amor llegue de nuevo al frente de la vida
que vuelvan a operar los hornos de Auschwitz?!»

IZET SARAJLIĆ

Traían consigo el frío del gueto,
alojado en las costillas
como una mordida de escarcha.
Atrás quedaron las ropas gastadas
y, con sus nuevos pijamas,
que aún conservaban el rictus de otros cuerpos,
corretearon hacia el barracón
como cebritas alegres.
Ambos querían la litera de arriba,
y el desenlace lo resolvieron unos dados
sacados de no se sabe dónde.
Al otro lado del campo,
donde los muertos son flechas al aire,
los hornos ya habían elegido
cuál de los dos apagaría primero
el hambre del fuego.

TEOLOGÍA EN EL CAMPO

«El hijo de Abraham estudia para ser judío.
· Rápidamente quiere serlo».

YEHUDA AMIJAI

Le pidió al rabino
que le hablara de los milagros,
de la mano que en el último segundo
frenó el cuchillo de Abraham en el monte Moriá
o el regalo de la leche y la miel
en los brazos arenosos de Canaán.
Quería saber si el *tejiat hametim*
no era el delirio de un Dios ebrio,
sino una crisálida donde verter los miedos;
pero no hubo homilía,
tan sólo dijo que un verdadero milagro
es que el soldado alemán
no pronuncie la cifra de su brazo
en la primera selección de la mañana.

Nuestros antepasados nos legaron
el verde de Tiergarten
que respiraba por todos nosotros
en el Berlín del tranvía y el carbón,
la Potsdamer Platz
y sus habilidosos carteristas,
las grandes catedrales de Baviera
con sus pórticos que mostraban
lo largos que eran los antiguos brazos de Alemania,
la tierra allanada
después de una guerra de trincheras.
Y me pregunto:
¿qué dejaremos nosotros?
El olor a pólvora sobre los escombros,
densas nubes que llenan de ceniza
las tripas de las palomas,
nuestros cuerpos alimentando
la tenacidad de los gusanos,
pero, sobre todo,
una vergüenza larga,
como la sombra de un abedul de Oświęcim.

Mi miedo es un perro que ladra con rabia,
que se crio en la noche
en la que el crujido de las vidrieras
compusieron un himno nuevo.
Todo cayó por la ventana,
los juguetes de mi hermanita,
mis libros de la escuela,
las fotos de Viena
y la paz de mis padres.
No hubo tiempo para plegarias,
aunque hubiese sido inútil,
el rabino dice que Abraham no es nadie.
Es tan sólo unos cristales rotos sobre los adoquines,
esperando los primeros escobazos del alba.

Este fue el sueño de Abraham:
ser el cianuro en la boca de Himmler
y no el dedo mordido en la historia.

Tras estas alambradas
es fácil que Dios te vea
pero no lo es que mueva el cetro.
Uno va con las heridas abiertas;
ni los rabiosos mastines
se atreven a beber de ellas.
Pareciera que en esta porción de tierra
el cielo ha delegado en una raza
la incomprendida labor del tiempo.
Por eso aquí es más fácil encontrar la muerte
que un trozo de pan.

Y por fin
cae la mano de Samuel
sobre el costado de la litera.
Un nuevo hedor abrirá la mañana
y ni siquiera el remordimiento
anida en mí como un pájaro distraído.
Yo tan sólo siento hambre,
y unas ganas enormes
de hurgar en sus bolsillos.

Estamos hechos a imagen y semejanza de Dios,
es decir, no somos nada,
sólo un vaho oscuro
que, al salir por la chimenea,
adquiere el sagrado don de la ubicuidad.

Papá llegó al caer la tarde,
y, como siempre,
me arropó y leyó historias
de los grandes héroes arios;
tras su última caricia
me besó la frente como cada noche.
Acomodando un anillo en mi dedo
me susurró al oído:
cuídalo, era de una niña
que lo perdió en la ducha.

A WŁADYSŁAW SZPILMAN

En el esqueleto de Varsovia,
donde los perros famélicos aúllan a los escombros,
un hombre encontró su suerte en una lata.
Otro hombre,
entre las mismas ruinas,
pero con los acordes de Chopin,
encontró el recuerdo
de que era humano.

Los mayores dicen
que cuando el cielo está rojo
como las mejillas del Giewont
es que la virgen está planchando.
Hace tiempo que la ceniza sobrevuela
los abedules de Oświęcim,
como si se quemaran las camisas de Dios.
Nadie me contó que el olvido
también es asunto de vírgenes y dioses.

Joseph recibió su estrella
y los niños de su clase
maldecían la injusticia.
Todos querían brillar como él
y mostrar en sus abrigos
un trocito de universo.
Más tarde, la maestra entregó
los libros con cantos e himnos
para la nueva Alemania
de la pólvora y las sopas,
pero Joseph tenía prohibido cantar,
y nadie maldijo la injusticia;
estaba solo en su galaxia.

SINONIMIA

Auschwitz,
Holocausto,
Genocidio,
Shoah,
Papá y mamá.

Mientras cavo mi fosa,
me pregunto
si en ella cabrán
todos los muertos que seré.

Contener el aire,
como si todo el universo cupiese
en un pequeño alvéolo.
Tensar cual arco el brazo
apuntando a la muerte,
que es un galgo que corre desnudo
tocando espaldas.
Acomodar la mirada,
contraer el cuerpo como un ventrículo
para darle movimiento al dedo.
Así es como espera
a que el poema asome su cabeza sobre el muro,
y una bala lo haga derramarse
sobre la página vacía.

Al principio lloraba con cada muerto
y pronunciaba el Tziduk Hadin
por cada ciervo de Abraham,
pero ahora que Dios ha bostezado
y ya no me asustan los ladridos de los perros
empiezo a encontrar cierta familiaridad
en el olor de las chimeneas
y sé que un cuerpo pálido no es más
que la flor de una estepa que rema hacia alguna orilla.
Hoy un muerto es una posibilidad,
una camisa menos remendada quizás
o un par de zapatos nuevos,
unos con los que pisar más hondo la grava.

Si algún día regreso,
sé que no recibiré el abrazo de mi madre,
ni su gulash caliente
arropará el invierno de mis tripas,
tampoco ladrarán desconfiados a mi paso
los perros del vecino,
ni se lanzarán más piedritas a mi ventana
en las tardes de juego y balawa.
Cuando cruce estas puertas
andaré sereno sobre las ruinas
como una bala cuando atraviesa un costado.
Y buscaré, en el reflejo de los cristales rotos,
algún recuerdo de aquel muchacho
que abandoné en Auschwitz.

¿Por qué aquel pie azaroso
rodó el maletín en el último minuto
como si fuese un ángel
de la fatídica providencia?
No hay respuesta
más allá de que la suerte
no discrimina el olor de la sangre.
En cualquier caso,
tal error de cálculo me sirvió para comprender
que el poema nunca sería la bomba,
sino la mano precisa que elige,
quiénes serán sus muertos.

Hoy parte de la isla Tinián
rumbo a los desnudos cielos de Japón.
En el morro se lee un nombre:
Enola Gay,
como la mujer que trajo al mundo
al joven piloto de Illinois.
Así es como el comandante Tibbets
quiere homenajear a su madre.
Y ya se sabe, todo hijo que se precie
dará siempre lo mejor de sí.
Hay quien ofrece rosas,
mientras otros regalan
ramos de niños huérfanos.

ÍNDICE

ESTA PRIMERA EDICIÓN DE
LA ESTACIÓN DE LA CENIZA
DE DAVID FAJARDO RODRÍGUEZ
SE TERMINÓ DE IMPRIMIR
EL DÍA 17 DE ENERO DE 2025